MONTH/YEAR:_____

PAID	BILL	DUE DATE	AMT DUE	AMT PAID	U BALANCE
☐					
☐					
☐					
☐					
☐					
☐					
☐					
☐					
☐					
☐					
☐					
☐					
☐					
☐					
☐					
☐					
☐					
☐					
☐					
☐					
☐					
☐					
☐					
☐					
☐					
☐					
☐					
☐					
☐					
☐					

MONTH/YEAR:_____

PAID	BILL	DUE DATE	AMT DUE	AMT PAID	UNPAID BALANCE	NOTES
☐						
☐						
☐						
☐						
☐						
☐						
☐						
☐						
☐						
☐						
☐						
☐						
☐						
☐						
☐						
☐						
☐						
☐						
☐						
☐						
☐						
☐						
☐						
☐						
☐						
☐						
☐						
☐						
☐						
☐						
☐						

MONTH/YEAR:_____

PAID	BILL	DUE DATE	AMT DUE	AMT PAID	UNPAID BALANCE	NOTES
☐						
☐						
☐						
☐						
☐						
☐						
☐						
☐						
☐						
☐						
☐						
☐						
☐						
☐						
☐						
☐						
☐						
☐						
☐						
☐						
☐						
☐						
☐						
☐						
☐						
☐						
☐						
☐						
☐						

MONTH/YEAR: _____

PAID	BILL	DUE DATE	AMT DUE	AMT PAID	UNPAID BALANCE	NOTES
☐						
☐						
☐						
☐						
☐						
☐						
☐						
☐						
☐						
☐						
☐						
☐						
☐						
☐						
☐						
☐						
☐						
☐						
☐						
☐						
☐						
☐						
☐						
☐						
☐						
☐						
☐						
☐						
☐						
☐						

MONTH/YEAR:_____

PAID	BILL	DUE DATE	AMT DUE	AMT PAID	UNPAID BALANCE	NOTES
☐						
☐						
☐						
☐						
☐						
☐						
☐						
☐						
☐						
☐						
☐						
☐						
☐						
☐						
☐						
☐						
☐						
☐						
☐						
☐						
☐						
☐						
☐						
☐						
☐						
☐						
☐						
☐						
☐						

MONTH/YEAR:_____

PAID	BILL	DUE DATE	AMT DUE	AMT PAID	UNPAID BALANCE	NOTES
☐						
☐						
☐						
☐						
☐						
☐						
☐						
☐						
☐						
☐						
☐						
☐						
☐						
☐						
☐						
☐						
☐						
☐						
☐						
☐						
☐						
☐						
☐						
☐						
☐						
☐						
☐						
☐						

MONTH/YEAR:_____

PAID	BILL	DUE DATE	AMT DUE	AMT PAID	UNPAID BALANCE	NOTES
☐						
☐						
☐						
☐						
☐						
☐						
☐						
☐						
☐						
☐						
☐						
☐						
☐						
☐						
☐						
☐						
☐						
☐						
☐						
☐						
☐						
☐						
☐						
☐						
☐						
☐						
☐						
☐						
☐						
☐						
☐						

MONTH/YEAR:_____

PAID	BILL	DUE DATE	AMT DUE	AMT PAID	UNPAID BALANCE	NOTES
☐						
☐						
☐						
☐						
☐						
☐						
☐						
☐						
☐						
☐						
☐						
☐						
☐						
☐						
☐						
☐						
☐						
☐						
☐						
☐						
☐						
☐						
☐						
☐						
☐						
☐						
☐						
☐						
☐						
☐						

MONTH/YEAR:_____

PAID	BILL	DUE DATE	AMT DUE	AMT PAID	UNPAID BALANCE	NOTES
☐						
☐						
☐						
☐						
☐						
☐						
☐						
☐						
☐						
☐						
☐						
☐						
☐						
☐						
☐						
☐						
☐						
☐						
☐						
☐						
☐						
☐						
☐						
☐						
☐						
☐						
☐						
☐						

MONTH/YEAR:_____

PAID	BILL	DUE DATE	AMT DUE	AMT PAID	UNPAID BALANCE	NOTES
☐						
☐						
☐						
☐						
☐						
☐						
☐						
☐						
☐						
☐						
☐						
☐						
☐						
☐						
☐						
☐						
☐						
☐						
☐						
☐						
☐						
☐						
☐						
☐						
☐						
☐						
☐						
☐						
☐						

MONTH/YEAR:_____

PAID	BILL	DUE DATE	AMT DUE	AMT PAID	UNPAID BALANCE	NOTES
☐						
☐						
☐						
☐						
☐						
☐						
☐						
☐						
☐						
☐						
☐						
☐						
☐						
☐						
☐						
☐						
☐						
☐						
☐						
☐						
☐						
☐						
☐						
☐						
☐						
☐						
☐						
☐						
☐						
☐						
☐						

MONTH/YEAR:_____

PAID	BILL	DUE DATE	AMT DUE	AMT PAID	UNPAID BALANCE	NOTES
☐						
☐						
☐						
☐						
☐						
☐						
☐						
☐						
☐						
☐						
☐						
☐						
☐						
☐						
☐						
☐						
☐						
☐						
☐						
☐						
☐						
☐						
☐						
☐						
☐						
☐						
☐						
☐						

MONTH/YEAR: _____

PAID	BILL	DUE DATE	AMT DUE	AMT PAID	UNPAID BALANCE	NOTES
☐						
☐						
☐						
☐						
☐						
☐						
☐						
☐						
☐						
☐						
☐						
☐						
☐						
☐						
☐						
☐						
☐						
☐						
☐						
☐						
☐						
☐						
☐						
☐						
☐						
☐						
☐						
☐						

MONTH/YEAR:_____

PAID	BILL	DUE DATE	AMT DUE	AMT PAID	UNPAID BALANCE	NOTES
☐						
☐						
☐						
☐						
☐						
☐						
☐						
☐						
☐						
☐						
☐						
☐						
☐						
☐						
☐						
☐						
☐						
☐						
☐						
☐						
☐						
☐						
☐						
☐						
☐						
☐						
☐						
☐						

MONTH/YEAR:_____

PAID	BILL	DUE DATE	AMT DUE	AMT PAID	UNPAID BALANCE	NOTES
☐						
☐						
☐						
☐						
☐						
☐						
☐						
☐						
☐						
☐						
☐						
☐						
☐						
☐						
☐						
☐						
☐						
☐						
☐						
☐						
☐						
☐						
☐						
☐						
☐						
☐						
☐						
☐						

MONTH/YEAR:_____

PAID	BILL	DUE DATE	AMT DUE	AMT PAID	UNPAID BALANCE	NOTES
☐						
☐						
☐						
☐						
☐						
☐						
☐						
☐						
☐						
☐						
☐						
☐						
☐						
☐						
☐						
☐						
☐						
☐						
☐						
☐						
☐						
☐						
☐						
☐						
☐						
☐						
☐						
☐						
☐						

MONTH/YEAR:_____

PAID	BILL	DUE DATE	AMT DUE	AMT PAID	UNPAID BALANCE	NOTES
☐						
☐						
☐						
☐						
☐						
☐						
☐						
☐						
☐						
☐						
☐						
☐						
☐						
☐						
☐						
☐						
☐						
☐						
☐						
☐						
☐						
☐						
☐						
☐						
☐						
☐						
☐						
☐						
☐						

MONTH/YEAR:_____

PAID	BILL	DUE DATE	AMT DUE	AMT PAID	UNPAID BALANCE	NOTES
☐						
☐						
☐						
☐						
☐						
☐						
☐						
☐						
☐						
☐						
☐						
☐						
☐						
☐						
☐						
☐						
☐						
☐						
☐						
☐						
☐						
☐						
☐						
☐						
☐						
☐						
☐						
☐						

MONTH/YEAR:_____

PAID	BILL	DUE DATE	AMT DUE	AMT PAID	UNPAID BALANCE	NOTES
☐						
☐						
☐						
☐						
☐						
☐						
☐						
☐						
☐						
☐						
☐						
☐						
☐						
☐						
☐						
☐						
☐						
☐						
☐						
☐						
☐						
☐						
☐						
☐						
☐						
☐						
☐						
☐						
☐						
☐						

MONTH/YEAR:_____

PAID	BILL	DUE DATE	AMT DUE	AMT PAID	UNPAID BALANCE	NOTES
☐						
☐						
☐						
☐						
☐						
☐						
☐						
☐						
☐						
☐						
☐						
☐						
☐						
☐						
☐						
☐						
☐						
☐						
☐						
☐						
☐						
☐						
☐						
☐						
☐						
☐						
☐						
☐						
☐						
☐						
☐						

MONTH/YEAR:_____

PAID	BILL	DUE DATE	AMT DUE	AMT PAID	UNPAID BALANCE	NOTES
☐						
☐						
☐						
☐						
☐						
☐						
☐						
☐						
☐						
☐						
☐						
☐						
☐						
☐						
☐						
☐						
☐						
☐						
☐						
☐						
☐						
☐						
☐						
☐						
☐						
☐						
☐						
☐						

MONTH/YEAR:_____

PAID	BILL	DUE DATE	AMT DUE	AMT PAID	UNPAID BALANCE	NOTES
☐						
☐						
☐						
☐						
☐						
☐						
☐						
☐						
☐						
☐						
☐						
☐						
☐						
☐						
☐						
☐						
☐						
☐						
☐						
☐						
☐						
☐						
☐						
☐						
☐						
☐						
☐						
☐						

MONTH/YEAR:_____

PAID	BILL	DUE DATE	AMT DUE	AMT PAID	UNPAID BALANCE	NOTES
☐						
☐						
☐						
☐						
☐						
☐						
☐						
☐						
☐						
☐						
☐						
☐						
☐						
☐						
☐						
☐						
☐						
☐						
☐						
☐						
☐						
☐						
☐						
☐						
☐						
☐						
☐						
☐						
☐						

MONTH/YEAR:_____

PAID	BILL	DUE DATE	AMT DUE	AMT PAID	UNPAID BALANCE	NOTES
☐						
☐						
☐						
☐						
☐						
☐						
☐						
☐						
☐						
☐						
☐						
☐						
☐						
☐						
☐						
☐						
☐						
☐						
☐						
☐						
☐						
☐						
☐						
☐						
☐						
☐						
☐						
☐						

MONTH/YEAR:_____

PAID	BILL	DUE DATE	AMT DUE	AMT PAID	UNPAID BALANCE	NOTES
☐						
☐						
☐						
☐						
☐						
☐						
☐						
☐						
☐						
☐						
☐						
☐						
☐						
☐						
☐						
☐						
☐						
☐						
☐						
☐						
☐						
☐						
☐						
☐						
☐						
☐						
☐						
☐						
☐						
☐						

MONTH/YEAR:_____

PAID	BILL	DUE DATE	AMT DUE	AMT PAID	UNPAID BALANCE	NOTES
☐						
☐						
☐						
☐						
☐						
☐						
☐						
☐						
☐						
☐						
☐						
☐						
☐						
☐						
☐						
☐						
☐						
☐						
☐						
☐						
☐						
☐						
☐						
☐						
☐						
☐						
☐						
☐						
☐						
☐						

MONTH/YEAR:_____

PAID	BILL	DUE DATE	AMT DUE	AMT PAID	UNPAID BALANCE	NOTES
☐						
☐						
☐						
☐						
☐						
☐						
☐						
☐						
☐						
☐						
☐						
☐						
☐						
☐						
☐						
☐						
☐						
☐						
☐						
☐						
☐						
☐						
☐						
☐						
☐						
☐						
☐						
☐						
☐						
☐						

MONTH/YEAR:_____

PAID	BILL	DUE DATE	AMT DUE	AMT PAID	UNPAID BALANCE	NOTES
☐						
☐						
☐						
☐						
☐						
☐						
☐						
☐						
☐						
☐						
☐						
☐						
☐						
☐						
☐						
☐						
☐						
☐						
☐						
☐						
☐						
☐						
☐						
☐						
☐						
☐						
☐						
☐						
☐						

MONTH/YEAR:_____

PAID	BILL	DUE DATE	AMT DUE	AMT PAID	UNPAID BALANCE	NOTES
☐						
☐						
☐						
☐						
☐						
☐						
☐						
☐						
☐						
☐						
☐						
☐						
☐						
☐						
☐						
☐						
☐						
☐						
☐						
☐						
☐						
☐						
☐						
☐						
☐						
☐						
☐						
☐						

MONTH/YEAR:_____

PAID	BILL	DUE DATE	AMT DUE	AMT PAID	UNPAID BALANCE	NOTES
☐						
☐						
☐						
☐						
☐						
☐						
☐						
☐						
☐						
☐						
☐						
☐						
☐						
☐						
☐						
☐						
☐						
☐						
☐						
☐						
☐						
☐						
☐						
☐						
☐						
☐						
☐						
☐						

MONTH/YEAR:_____

PAID	BILL	DUE DATE	AMT DUE	AMT PAID	UNPAID BALANCE	NOTES
☐						
☐						
☐						
☐						
☐						
☐						
☐						
☐						
☐						
☐						
☐						
☐						
☐						
☐						
☐						
☐						
☐						
☐						
☐						
☐						
☐						
☐						
☐						
☐						
☐						
☐						
☐						
☐						
☐						

MONTH/YEAR:_____

PAID	BILL	DUE DATE	AMT DUE	AMT PAID	UNPAID BALANCE	NOTES
☐						
☐						
☐						
☐						
☐						
☐						
☐						
☐						
☐						
☐						
☐						
☐						
☐						
☐						
☐						
☐						
☐						
☐						
☐						
☐						
☐						
☐						
☐						
☐						
☐						
☐						
☐						
☐						
☐						
☐						

MONTH/YEAR:_____

PAID	BILL	DUE DATE	AMT DUE	AMT PAID	UNPAID BALANCE	NOTES
☐						
☐						
☐						
☐						
☐						
☐						
☐						
☐						
☐						
☐						
☐						
☐						
☐						
☐						
☐						
☐						
☐						
☐						
☐						
☐						
☐						
☐						
☐						
☐						
☐						
☐						
☐						

MONTH/YEAR:_____

PAID	BILL	DUE DATE	AMT DUE	AMT PAID	UNPAID BALANCE	NOTES
☐						
☐						
☐						
☐						
☐						
☐						
☐						
☐						
☐						
☐						
☐						
☐						
☐						
☐						
☐						
☐						
☐						
☐						
☐						
☐						
☐						
☐						
☐						
☐						
☐						
☐						
☐						
☐						

MONTH/YEAR:_____

PAID	BILL	DUE DATE	AMT DUE	AMT PAID	UNPAID BALANCE	NOTES
☐						
☐						
☐						
☐						
☐						
☐						
☐						
☐						
☐						
☐						
☐						
☐						
☐						
☐						
☐						
☐						
☐						
☐						
☐						
☐						
☐						
☐						
☐						
☐						
☐						
☐						
☐						
☐						
☐						
☐						
☐						

MONTH/YEAR:_____

PAID	BILL	DUE DATE	AMT DUE	AMT PAID	UNPAID BALANCE	NOTES
☐						
☐						
☐						
☐						
☐						
☐						
☐						
☐						
☐						
☐						
☐						
☐						
☐						
☐						
☐						
☐						
☐						
☐						
☐						
☐						
☐						
☐						
☐						
☐						
☐						
☐						
☐						
☐						
☐						

MONTH/YEAR: _____

PAID	BILL	DUE DATE	AMT DUE	AMT PAID	UNPAID BALANCE	NOTES
☐						
☐						
☐						
☐						
☐						
☐						
☐						
☐						
☐						
☐						
☐						
☐						
☐						
☐						
☐						
☐						
☐						
☐						
☐						
☐						
☐						
☐						
☐						
☐						
☐						
☐						
☐						
☐						
☐						

MONTH/YEAR:_____

PAID	BILL	DUE DATE	AMT DUE	AMT PAID	UNPAID BALANCE	NOTES
☐						
☐						
☐						
☐						
☐						
☐						
☐						
☐						
☐						
☐						
☐						
☐						
☐						
☐						
☐						
☐						
☐						
☐						
☐						
☐						
☐						
☐						
☐						
☐						
☐						
☐						
☐						
☐						
☐						
☐						

MONTH/YEAR:_____

PAID	BILL	DUE DATE	AMT DUE	AMT PAID	UNPAID BALANCE	NOTES
☐						
☐						
☐						
☐						
☐						
☐						
☐						
☐						
☐						
☐						
☐						
☐						
☐						
☐						
☐						
☐						
☐						
☐						
☐						
☐						
☐						
☐						
☐						
☐						
☐						
☐						
☐						
☐						

MONTH/YEAR:_____

PAID	BILL	DUE DATE	AMT DUE	AMT PAID	UNPAID BALANCE	NOTES
☐						
☐						
☐						
☐						
☐						
☐						
☐						
☐						
☐						
☐						
☐						
☐						
☐						
☐						
☐						
☐						
☐						
☐						
☐						
☐						
☐						
☐						
☐						
☐						
☐						
☐						
☐						
☐						

MONTH/YEAR:_____

PAID	BILL	DUE DATE	AMT DUE	AMT PAID	UNPAID BALANCE	NOTES
☐						
☐						
☐						
☐						
☐						
☐						
☐						
☐						
☐						
☐						
☐						
☐						
☐						
☐						
☐						
☐						
☐						
☐						
☐						
☐						
☐						
☐						
☐						
☐						
☐						
☐						
☐						
☐						

MONTH/YEAR:_____

MONTH/YEAR:

PAID	BILL	DUE DATE	AMT DUE	AMT PAID	UNPAID BALANCE	NOTES
☐						
☐						
☐						
☐						
☐						
☐						
☐						
☐						
☐						
☐						
☐						
☐						
☐						
☐						
☐						
☐						
☐						
☐						
☐						
☐						
☐						
☐						
☐						
☐						
☐						
☐						
☐						
☐						
☐						

MONTH/YEAR:_____

PAID	BILL	DUE DATE	AMT DUE	AMT PAID	UNPAID BALANCE	NOTES
☐						
☐						
☐						
☐						
☐						
☐						
☐						
☐						
☐						
☐						
☐						
☐						
☐						
☐						
☐						
☐						
☐						
☐						
☐						
☐						
☐						
☐						
☐						
☐						
☐						
☐						
☐						
☐						
☐						
☐						

MONTH/YEAR:_____

PAID	BILL	DUE DATE	AMT DUE	AMT PAID	UNPAID BALANCE	NOTES
☐						
☐						
☐						
☐						
☐						
☐						
☐						
☐						
☐						
☐						
☐						
☐						
☐						
☐						
☐						
☐						
☐						
☐						
☐						
☐						
☐						
☐						
☐						
☐						
☐						
☐						
☐						
☐						
☐						

MONTH/YEAR:_____

PAID	BILL	DUE DATE	AMT DUE	AMT PAID	UNPAID BALANCE	NOTES
☐						
☐						
☐						
☐						
☐						
☐						
☐						
☐						
☐						
☐						
☐						
☐						
☐						
☐						
☐						
☐						
☐						
☐						
☐						
☐						
☐						
☐						
☐						
☐						
☐						
☐						
☐						
☐						

MONTH/YEAR:_____

PAID	BILL	DUE DATE	AMT DUE	AMT PAID	UNPAID BALANCE	NOTES
☐						
☐						
☐						
☐						
☐						
☐						
☐						
☐						
☐						
☐						
☐						
☐						
☐						
☐						
☐						
☐						
☐						
☐						
☐						
☐						
☐						
☐						
☐						
☐						
☐						
☐						
☐						
☐						

MONTH/YEAR: _____

PAID	BILL	DUE DATE	AMT DUE	AMT PAID	UNPAID BALANCE	NOTES
☐						
☐						
☐						
☐						
☐						
☐						
☐						
☐						
☐						
☐						
☐						
☐						
☐						
☐						
☐						
☐						
☐						
☐						
☐						
☐						
☐						
☐						
☐						
☐						
☐						
☐						
☐						
☐						
☐						
☐						

MONTH/YEAR:_____

PAID	BILL	DUE DATE	AMT DUE	AMT PAID	UNPAID BALANCE	NOTES
☐						
☐						
☐						
☐						
☐						
☐						
☐						
☐						
☐						
☐						
☐						
☐						
☐						
☐						
☐						
☐						
☐						
☐						
☐						
☐						
☐						
☐						
☐						
☐						
☐						
☐						
☐						
☐						

MONTH/YEAR: _____

PAID	BILL	DUE DATE	AMT DUE	AMT PAID	UNPAID BALANCE	NOTES
☐						
☐						
☐						
☐						
☐						
☐						
☐						
☐						
☐						
☐						
☐						
☐						
☐						
☐						
☐						
☐						
☐						
☐						
☐						
☐						
☐						
☐						
☐						
☐						
☐						
☐						
☐						
☐						
☐						
☐						
☐						

MONTH/YEAR:_____

PAID	BILL	DUE DATE	AMT DUE	AMT PAID	UNPAID BALANCE	NOTES
☐						
☐						
☐						
☐						
☐						
☐						
☐						
☐						
☐						
☐						
☐						
☐						
☐						
☐						
☐						
☐						
☐						
☐						
☐						
☐						
☐						
☐						
☐						
☐						
☐						
☐						
☐						
☐						
☐						
☐						
☐						
☐						

MONTH/YEAR:_____

PAID	BILL	DUE DATE	AMT DUE	AMT PAID	UNPAID BALANCE	NOTES
☐						
☐						
☐						
☐						
☐						
☐						
☐						
☐						
☐						
☐						
☐						
☐						
☐						
☐						
☐						
☐						
☐						
☐						
☐						
☐						
☐						
☐						
☐						
☐						
☐						
☐						
☐						
☐						
☐						
☐						

MONTH/YEAR:_____

PAID	BILL	DUE DATE	AMT DUE	AMT PAID	UNPAID BALANCE	NOTES
☐						
☐						
☐						
☐						
☐						
☐						
☐						
☐						
☐						
☐						
☐						
☐						
☐						
☐						
☐						
☐						
☐						
☐						
☐						
☐						
☐						
☐						
☐						
☐						
☐						
☐						
☐						
☐						
☐						

MONTH/YEAR:_____

PAID	BILL	DUE DATE	AMT DUE	AMT PAID	UNPAID BALANCE	NOTES
☐						
☐						
☐						
☐						
☐						
☐						
☐						
☐						
☐						
☐						
☐						
☐						
☐						
☐						
☐						
☐						
☐						
☐						
☐						
☐						
☐						
☐						
☐						
☐						
☐						
☐						
☐						
☐						
☐						
☐						

MONTH/YEAR:_____

PAID	BILL	DUE DATE	AMT DUE	AMT PAID	UNPAID BALANCE	NOTES
☐						
☐						
☐						
☐						
☐						
☐						
☐						
☐						
☐						
☐						
☐						
☐						
☐						
☐						
☐						
☐						
☐						
☐						
☐						
☐						
☐						
☐						
☐						
☐						
☐						
☐						
☐						
☐						

MONTH/YEAR:_____

PAID	BILL	DUE DATE	AMT DUE	AMT PAID	UNPAID BALANCE	NOTES
☐						
☐						
☐						
☐						
☐						
☐						
☐						
☐						
☐						
☐						
☐						
☐						
☐						
☐						
☐						
☐						
☐						
☐						
☐						
☐						
☐						
☐						
☐						
☐						
☐						
☐						
☐						
☐						

MONTH/YEAR:_____

PAID	BILL	DUE DATE	AMT DUE	AMT PAID	UNPAID BALANCE	NOTES
☐						
☐						
☐						
☐						
☐						
☐						
☐						
☐						
☐						
☐						
☐						
☐						
☐						
☐						
☐						
☐						
☐						
☐						
☐						
☐						
☐						
☐						
☐						
☐						
☐						
☐						
☐						
☐						
☐						
☐						

MONTH/YEAR:_____

PAID	BILL	DUE DATE	AMT DUE	AMT PAID	UNPAID BALANCE	NOTES
☐						
☐						
☐						
☐						
☐						
☐						
☐						
☐						
☐						
☐						
☐						
☐						
☐						
☐						
☐						
☐						
☐						
☐						
☐						
☐						
☐						
☐						
☐						
☐						
☐						
☐						
☐						
☐						
☐						

MONTH/YEAR:_____

PAID	BILL	DUE DATE	AMT DUE	AMT PAID	UNPAID BALANCE	NOTES
☐						
☐						
☐						
☐						
☐						
☐						
☐						
☐						
☐						
☐						
☐						
☐						
☐						
☐						
☐						
☐						
☐						
☐						
☐						
☐						
☐						
☐						
☐						
☐						
☐						
☐						
☐						
☐						
☐						

MONTH/YEAR:_____

PAID	BILL	DUE DATE	AMT DUE	AMT PAID	UNPAID BALANCE	NOTES
☐						
☐						
☐						
☐						
☐						
☐						
☐						
☐						
☐						
☐						
☐						
☐						
☐						
☐						
☐						
☐						
☐						
☐						
☐						
☐						
☐						
☐						
☐						
☐						
☐						
☐						
☐						
☐						
☐						

MONTH/YEAR:_____

PAID	BILL	DUE DATE	AMT DUE	AMT PAID	UNPAID BALANCE	NOTES
☐						
☐						
☐						
☐						
☐						
☐						
☐						
☐						
☐						
☐						
☐						
☐						
☐						
☐						
☐						
☐						
☐						
☐						
☐						
☐						
☐						
☐						
☐						
☐						
☐						
☐						
☐						

MONTH/YEAR: _____

PAID	BILL	DUE DATE	AMT DUE	AMT PAID	UNPAID BALANCE	NOTES
☐						
☐						
☐						
☐						
☐						
☐						
☐						
☐						
☐						
☐						
☐						
☐						
☐						
☐						
☐						
☐						
☐						
☐						
☐						
☐						
☐						
☐						
☐						
☐						
☐						
☐						
☐						

MONTH/YEAR:_____

PAID	BILL	DUE DATE	AMT DUE	AMT PAID	UNPAID BALANCE	NOTES
☐						
☐						
☐						
☐						
☐						
☐						
☐						
☐						
☐						
☐						
☐						
☐						
☐						
☐						
☐						
☐						
☐						
☐						
☐						
☐						
☐						
☐						
☐						
☐						
☐						
☐						
☐						
☐						
☐						
☐						

MONTH/YEAR:_____

PAID	BILL	DUE DATE	AMT DUE	AMT PAID	UNPAID BALANCE	NOTES
☐						
☐						
☐						
☐						
☐						
☐						
☐						
☐						
☐						
☐						
☐						
☐						
☐						
☐						
☐						
☐						
☐						
☐						
☐						
☐						
☐						
☐						
☐						
☐						
☐						
☐						
☐						
☐						
☐						

MONTH/YEAR:_____

PAID	BILL	DUE DATE	AMT DUE	AMT PAID	UNPAID BALANCE	NOTES
☐						
☐						
☐						
☐						
☐						
☐						
☐						
☐						
☐						
☐						
☐						
☐						
☐						
☐						
☐						
☐						
☐						
☐						
☐						
☐						
☐						
☐						
☐						
☐						
☐						
☐						
☐						
☐						
☐						
☐						

MONTH/YEAR:_____

PAID	BILL	DUE DATE	AMT DUE	AMT PAID	UNPAID BALANCE	NOTES
☐						
☐						
☐						
☐						
☐						
☐						
☐						
☐						
☐						
☐						
☐						
☐						
☐						
☐						
☐						
☐						
☐						
☐						
☐						
☐						
☐						
☐						
☐						
☐						
☐						
☐						
☐						
☐						

MONTH/YEAR:_____

PAID	BILL	DUE DATE	AMT DUE	AMT PAID	UNPAID BALANCE	NOTES
☐						
☐						
☐						
☐						
☐						
☐						
☐						
☐						
☐						
☐						
☐						
☐						
☐						
☐						
☐						
☐						
☐						
☐						
☐						
☐						
☐						
☐						
☐						
☐						
☐						
☐						
☐						
☐						

MONTH/YEAR:_____

PAID	BILL	DUE DATE	AMT DUE	AMT PAID	UNPAID BALANCE	NOTES
☐						
☐						
☐						
☐						
☐						
☐						
☐						
☐						
☐						
☐						
☐						
☐						
☐						
☐						
☐						
☐						
☐						
☐						
☐						
☐						
☐						
☐						
☐						
☐						
☐						
☐						
☐						
☐						
☐						

MONTH/YEAR:_____

PAID	BILL	DUE DATE	AMT DUE	AMT PAID	UNPAID BALANCE	NOTES
☐						
☐						
☐						
☐						
☐						
☐						
☐						
☐						
☐						
☐						
☐						
☐						
☐						
☐						
☐						
☐						
☐						
☐						
☐						
☐						
☐						
☐						
☐						
☐						
☐						
☐						
☐						
☐						
☐						

MONTH/YEAR:_____

PAID	BILL	DUE DATE	AMT DUE	AMT PAID	UNPAID BALANCE	NOTES
☐						
☐						
☐						
☐						
☐						
☐						
☐						
☐						
☐						
☐						
☐						
☐						
☐						
☐						
☐						
☐						
☐						
☐						
☐						
☐						
☐						
☐						
☐						
☐						
☐						
☐						
☐						
☐						

MONTH/YEAR:_____

PAID	BILL	DUE DATE	AMT DUE	AMT PAID	UNPAID BALANCE	NOTES
☐						
☐						
☐						
☐						
☐						
☐						
☐						
☐						
☐						
☐						
☐						
☐						
☐						
☐						
☐						
☐						
☐						
☐						
☐						
☐						
☐						
☐						
☐						
☐						
☐						
☐						
☐						
☐						
☐						

MONTH/YEAR:_____

PAID	BILL	DUE DATE	AMT DUE	AMT PAID	UNPAID BALANCE	NOTES
☐						
☐						
☐						
☐						
☐						
☐						
☐						
☐						
☐						
☐						
☐						
☐						
☐						
☐						
☐						
☐						
☐						
☐						
☐						
☐						
☐						
☐						
☐						
☐						
☐						
☐						
☐						
☐						
☐						
☐						

MONTH/YEAR:_____

PAID	BILL	DUE DATE	AMT DUE	AMT PAID	UNPAID BALANCE	NOTES
☐						
☐						
☐						
☐						
☐						
☐						
☐						
☐						
☐						
☐						
☐						
☐						
☐						
☐						
☐						
☐						
☐						
☐						
☐						
☐						
☐						
☐						
☐						
☐						
☐						
☐						
☐						
☐						

MONTH/YEAR:_____

PAID	BILL	DUE DATE	AMT DUE	AMT PAID	UNPAID BALANCE	NOTES
☐						
☐						
☐						
☐						
☐						
☐						
☐						
☐						
☐						
☐						
☐						
☐						
☐						
☐						
☐						
☐						
☐						
☐						
☐						
☐						
☐						
☐						
☐						
☐						
☐						
☐						
☐						
☐						
☐						

MONTH/YEAR:_____

PAID	BILL	DUE DATE	AMT DUE	AMT PAID	UNPAID BALANCE	NOTES
☐						
☐						
☐						
☐						
☐						
☐						
☐						
☐						
☐						
☐						
☐						
☐						
☐						
☐						
☐						
☐						
☐						
☐						
☐						
☐						
☐						
☐						
☐						
☐						
☐						
☐						
☐						
☐						
☐						
☐						

MONTH/YEAR:_____

PAID	BILL	DUE DATE	AMT DUE	AMT PAID	UNPAID BALANCE	NOTES
☐						
☐						
☐						
☐						
☐						
☐						
☐						
☐						
☐						
☐						
☐						
☐						
☐						
☐						
☐						
☐						
☐						
☐						
☐						
☐						
☐						
☐						
☐						
☐						
☐						
☐						
☐						
☐						
☐						
☐						

MONTH/YEAR:_____

PAID	BILL	DUE DATE	AMT DUE	AMT PAID	UNPAID BALANCE	NOTES
☐						
☐						
☐						
☐						
☐						
☐						
☐						
☐						
☐						
☐						
☐						
☐						
☐						
☐						
☐						
☐						
☐						
☐						
☐						
☐						
☐						
☐						
☐						
☐						
☐						
☐						
☐						
☐						

MONTH/YEAR:_____

PAID	BILL	DUE DATE	AMT DUE	AMT PAID	UNPAID BALANCE	NOTES
☐						
☐						
☐						
☐						
☐						
☐						
☐						
☐						
☐						
☐						
☐						
☐						
☐						
☐						
☐						
☐						
☐						
☐						
☐						
☐						
☐						
☐						
☐						
☐						
☐						
☐						
☐						
☐						

MONTH/YEAR:_____

PAID	BILL	DUE DATE	AMT DUE	AMT PAID	UNPAID BALANCE	NOTES
☐						
☐						
☐						
☐						
☐						
☐						
☐						
☐						
☐						
☐						
☐						
☐						
☐						
☐						
☐						
☐						
☐						
☐						
☐						
☐						
☐						
☐						
☐						
☐						
☐						
☐						
☐						

MONTH/YEAR:_____

PAID	BILL	DUE DATE	AMT DUE	AMT PAID	UNPAID BALANCE	NOTES
☐						
☐						
☐						
☐						
☐						
☐						
☐						
☐						
☐						
☐						
☐						
☐						
☐						
☐						
☐						
☐						
☐						
☐						
☐						
☐						
☐						
☐						
☐						
☐						
☐						
☐						
☐						
☐						
☐						

MONTH/YEAR:_____

PAID	BILL	DUE DATE	AMT DUE	AMT PAID	UNPAID BALANCE	NOTES
☐						
☐						
☐						
☐						
☐						
☐						
☐						
☐						
☐						
☐						
☐						
☐						
☐						
☐						
☐						
☐						
☐						
☐						
☐						
☐						
☐						
☐						
☐						
☐						
☐						
☐						
☐						
☐						

MONTH/YEAR:_____

PAID	BILL	DUE DATE	AMT DUE	AMT PAID	UNPAID BALANCE	NOTES
☐						
☐						
☐						
☐						
☐						
☐						
☐						
☐						
☐						
☐						
☐						
☐						
☐						
☐						
☐						
☐						
☐						
☐						
☐						
☐						
☐						
☐						
☐						
☐						
☐						
☐						
☐						
☐						

MONTH/YEAR:_____

PAID	BILL	DUE DATE	AMT DUE	AMT PAID	UNPAID BALANCE	NOTES
☐						
☐						
☐						
☐						
☐						
☐						
☐						
☐						
☐						
☐						
☐						
☐						
☐						
☐						
☐						
☐						
☐						
☐						
☐						
☐						
☐						
☐						
☐						
☐						
☐						
☐						
☐						
☐						
☐						
☐						
☐						

MONTH/YEAR:_____

PAID	BILL	DUE DATE	AMT DUE	AMT PAID	UNPAID BALANCE	NOTES
☐						
☐						
☐						
☐						
☐						
☐						
☐						
☐						
☐						
☐						
☐						
☐						
☐						
☐						
☐						
☐						
☐						
☐						
☐						
☐						
☐						
☐						
☐						
☐						
☐						
☐						
☐						
☐						
☐						
☐						

MONTH/YEAR:_____

PAID	BILL	DUE DATE	AMT DUE	AMT PAID	UNPAID BALANCE	NOTES
☐						
☐						
☐						
☐						
☐						
☐						
☐						
☐						
☐						
☐						
☐						
☐						
☐						
☐						
☐						
☐						
☐						
☐						
☐						
☐						
☐						
☐						
☐						
☐						
☐						
☐						
☐						
☐						
☐						

MONTH/YEAR:_____

PAID	BILL	DUE DATE	AMT DUE	AMT PAID	UNPAID BALANCE	NOTES
☐						
☐						
☐						
☐						
☐						
☐						
☐						
☐						
☐						
☐						
☐						
☐						
☐						
☐						
☐						
☐						
☐						
☐						
☐						
☐						
☐						
☐						
☐						
☐						
☐						
☐						
☐						
☐						
☐						

MONTH/YEAR:_____

PAID	BILL	DUE DATE	AMT DUE	AMT PAID	UNPAID BALANCE	NOTES
☐						
☐						
☐						
☐						
☐						
☐						
☐						
☐						
☐						
☐						
☐						
☐						
☐						
☐						
☐						
☐						
☐						
☐						
☐						
☐						
☐						
☐						
☐						
☐						
☐						
☐						
☐						
☐						
☐						
☐						

MONTH/YEAR:_____

PAID	BILL	DUE DATE	AMT DUE	AMT PAID	UNPAID BALANCE	NOTES
☐						
☐						
☐						
☐						
☐						
☐						
☐						
☐						
☐						
☐						
☐						
☐						
☐						
☐						
☐						
☐						
☐						
☐						
☐						
☐						
☐						
☐						
☐						
☐						
☐						
☐						
☐						
☐						
☐						

MONTH/YEAR:_____

PAID	BILL	DUE DATE	AMT DUE	AMT PAID	UNPAID BALANCE	NOTES
☐						
☐						
☐						
☐						
☐						
☐						
☐						
☐						
☐						
☐						
☐						
☐						
☐						
☐						
☐						
☐						
☐						
☐						
☐						
☐						
☐						
☐						
☐						
☐						
☐						
☐						
☐						
☐						

MONTH/YEAR:_____

PAID	BILL	DUE DATE	AMT DUE	AMT PAID	UNPAID BALANCE	NOTES
☐						
☐						
☐						
☐						
☐						
☐						
☐						
☐						
☐						
☐						
☐						
☐						
☐						
☐						
☐						
☐						
☐						
☐						
☐						
☐						
☐						
☐						
☐						
☐						
☐						
☐						
☐						
☐						
☐						

MONTH/YEAR:_____

PAID	BILL	DUE DATE	AMT DUE	AMT PAID	UNPAID BALANCE	NOTES
☐						
☐						
☐						
☐						
☐						
☐						
☐						
☐						
☐						
☐						
☐						
☐						
☐						
☐						
☐						
☐						
☐						
☐						
☐						
☐						
☐						
☐						
☐						
☐						
☐						
☐						
☐						
☐						
☐						

NOTES

NOTES

NOTES

NOTES

NOTES

NOTES

NOTES

NOTES

NOTES

NOTES

NOTES

NOTES

NOTES

NOTES

NOTES

NOTES

NOTES

NOTES

NOTES

NOTES

29120209R00063